Papier-Vélin

LES RUINES

ET LES MONUMENTS,

POËME DITHYRAMBIQUE.

PAR M. DE NORVINS-MONTBRETON.

A PARIS,

CHEZ GIGUET ET MICHAUD, IMPRIMEURS-LIBRAIRES,

RUE DES BONS-ENFANTS, N°. 34.

M. DCCC. VI.

PRÉFACE.

—

Le dithyrambe était, ainsi que la tra-
gédie, un chant consacré à Bacchus.
Son nom est composé des mots δις
(deux) et θριαμβος (triomphe). Il fut
inventé pour célébrer la double con-
quête de Bacchus en Europe et en
Asie.

M. de Laharpe dit que ce poëme
s'étendit ensuite à la louange des héros. Il ajoute : « L'antiquité ne nous
» en a laissé aucun modèle, et nous
» ne pouvons en avoir d'autre idée

» que celle qu'Horace nous donne en
» parlant des dithyrambes de Pin-
» dare :

> Seu per audaces nova dithyrambos
> Verba devolvit, numerisque fertur
> Lege solutis.

» **Sur** ce qu'il en dit, on doit croire
» que c'était un genre de poésie hardi
» (*audaces*), qui n'était assujetti à
» aucune mesure de vers déterminée,
» et pouvait les admettre toutes ; que
» ce genre, plus que tout autre, au-
» torisait le poète à la création de
» nouvelles expressions (*nova ver-*
» *ba*), etc. »

Voilà toute la justification du titre
de mon ouvrage : quant aux raisons
qui ont pu me décider à en traiter le
sujet dans un mode nouveau, éloigné

des rhythmes connus et de l'ensemble
d'un plan régulier, elles sont tirées,
je crois, de la nature même du sujet.

Les ruines et les monuments épars
sur la terre attestent, sans chaîne sui-
vie, le commencement, la fin et la re-
naissance des hommes, des sociétés,
des choses et des empires : c'est un
champ sans bornes, une mer sans rivages ; on ne peut faire rapidement
ce voyage, qu'avec toute la liberté de
l'imagination. Les ruines et les monuments sont en même temps la fable
et l'histoire des religions et des gou-
vernements. Le dithyrambe, c'est-à-
dire, un poëme libre, audacieux, m'a
offert l'indépendance dont j'avais besoin pour célébrer tant de souvenirs

et tant d'espérances; ainsi, évitant les
routes tracées par les voyageurs et les
récits des historiens, je me suis laissé
entraîner à peindre, avec les couleurs
de la poésie, la course des siècles, dont
les monuments nous apprennent si élo-
quemment le passage.

LES RUINES

ET LES MONUMENTS,

POËME DITHYRAMBIQUE.

———

Par quel attrait mélancolique,
Sur cet asile inhabité,
Où repose un tombeau rustique,
Mon regard s'est-il arrêté?
Le nom d'Irus est sur la pierre! (1
Qui fut l'ami d'Irus à son dernier moment!
Près de là le fleuve écumant,
Par une invincible barrière,
Semble défendre sa poussière :
D'Irus, du pauvre Irus il reste un monument!

Ainsi la voûte tutélaire
De ces bois respectés du jour,
Couvre d'une ombre funéraire,
Le pauvre à son dernier séjour !
Sous ce toit qui le vit descendre,
Sans urne et sans témoins, aux rives des enfers,
Je demande aux peuples divers,
Quel marbre a conservé la cendre
D'un roi, d'un dieu, d'un Alexandre,
Dont la vie et la mort ont rempli l'univers.

Cruels inventeurs de la guerre,
Peuples autrefois si connus,
Où reposez-vous sur la terre ?
Où sont les vainqueurs, les vaincus ?
Où sont-ils ? j'en cherche la trace
Des sommets de l'Atlas aux rives de l'Indus.
Le temps me dit : « Ils ne sont plus :
» J'ai dévoré toute leur race ;
» Mais si tu veux savoir leur place,
» Lis ces fragments d'airain, dans les sables perdus. »

Le temps jeta dans tes abîmes
Et les palais et les autels ;
O terre, rends-moi ses victimes,
Rends-moi ces débris immortels.
Après vingt siècles tu succombes
Sous de vastes remparts trop long-temps supportés ;
Et vingt siècles sont attristés
De passer sur tes catacombes.
Profanes, nous foulons des tombes,
Et l'homme des déserts marche sur les cités.

Aux monuments de la victoire,
S'appuie un modeste hameau,
Et le souvenir de la gloire
Se perd dans le bruit d'un ruisseau.
Des cités jalouse héritière,
La nature en riant s'asseoit sur leurs débris,
Et couvre leurs marbres flétris,
D'un tissu de pampre et de lierre.
Le pâtre élève sa chaumière
Sur le temple où vingt rois couronnaient Sésostris. (2

Mais au sein de ces mers arides,
Où le sable roule à grands flots,
Au sein de ces plaines torrides
Qui sont la poudre du chaos,
Palmyre, tes palais antiques, (3
Sous les rides du temps, offrent l'éclat des arts.
Des troupeaux y dorment épars :
De l'Arabe les chants rustiques
Les rassemblent sous tes portiques,
Et je vois à ses pieds les aigles des Césars.

L'ombre auguste de Zénobie (4
Parcourt ces palais dévastés,
Restes des grandeurs de l'Asie ;
Un vieillard marche à ses côtés :
« Voici la superbe Palmyre,
» Lui dit-elle, ce sol par le temps entr'ouvert,
» Ces débris où ton œil se perd,
» Furent l'orgueil de mon empire.
» Tout a passé, rien n'y respire :
» Palmyre est une tombe au milieu d'un désert.

» Envain de la grandeur royale

» Rome avait dépouillé mon front,

» J'ai su, victime triomphale,

» De ses fers dédaigner l'affront;

» Des beaux arts le puissant génie

» Aux rivages du Tibre accueillit mes douleurs.

» J'ai vu mes superbes vainqueurs

» A mon déclin porter envie,

» Et les ruines de ma vie

» Dans leurs champs fortunés se couronner de fleurs.

» C'est toi qui, des bords de la Grèce,

» M'apportas ces dons précieux,

» Ces beaux arts et cette sagesse

» Que ton pays reçut des dieux.

» Tu vins, et ce barbare empire

» De superbes palais vit peupler ses déserts :

» Ils survivent à mes revers.

» Le voyageur qui les admire

» Retrouve Athènes dans Palmyre,

» Et Zénobie encore occupe l'univers.

» O Longin, sur nos destinées (5

» Portons de moins tristes regards,

» Et de l'éclat de nos années

» Aimons les monuments épars.

» La jalouse et plaintive Histoire

» Revient se consoler à leurs débris fameux.

» Sous ces portiques orgueilleux

» Retentit l'écho de ma gloire;

» Et respectés de la victoire,

» Ils ont vu des Romains les ossements poudreux. »

» O reine, la voix des orages

» Se perd dans l'abîme des ans!

» Mais de la sombre nuit des âges

» S'échappent mille éclairs brillants.

» Le temps, dans sa course éternelle,

» Des grands peuples éteints rallume le flambeau.

» Où fut son antique berceau,

» A la voix d'un dieu qui l'appelle,

» Un vieux peuple se renouvelle,

» Et sort jeune et fameux des ombres du tombeau.

» Quel astre pur et sans aurore

» Sort de l'empire du Trident !

» Quel vaste et nouveau météoré,

» De ses feux baigne l'occident !

» O terre, reçois ce présage !

» Un génie inconnu descend sur les humains.

» Seul, il balance dans ses mains

» Des Césars l'immense héritage,

» Et des temps brisant l'esclavage,

» Il va des nations rajeunir les destins.

» Césars de Rome et de Bysance,

» Fantômes d'un pouvoir détruit :

» Un nouveau fondateur s'avance,

» Fuyez dans l'éternelle nuit,

» Fuyez : il affranchit l'Europe,

» Rend un culte à vos arts, un peuple à vos déserts,

» Rouvre les cieux et les enfers;

» Et, des palais de Parthénope

» Jusqu'aux rivages de Canope, (6

» Retentit le réveil qu'attendait l'univers.

» Retiens, ô reine infortunée,

» Des vœux, des regrets superflus.

» Hélas! ta gloire est détrônée,

» Et ta mémoire ne vit plus!

» Retourne aux rives salutaires,

» Où le vieux univers repose enseveli;

» Viens goûter l'éternel oubli

» De tes grandeurs, de tes misères;

» Rentrons au sommeil de nos pères,

» Le passé disparaît et son règne est fini. »

Ainsi le passé se colore

D'une impuissante antiquité;

L'âge présent qui le dévore

Vient lui ravir l'éternité.

Mais tout l'éclat de sa mémoire,

Inutile ornement de sa caducité,

Charme encor la postérité;

Et des sépulcres de l'Histoire,

Un avenir rempli de gloire

S'exhale, en proclamant son immortalité.

Réveille-toi, vieille Italie,
Au bruit des armes et des camps.
Que ta fortune enfin oublie
Les Barbares et les volcans !
Ton vainqueur t'aime et te révère,
Déesse des beaux arts, déesse des combats,
Pallas a dirigé ses pas;
Et de ta gloire héréditaire,
Vengeant le coupable mystère,
Change en un jour brillant la nuit de ton trépas.

Reviens, ombre auguste et chérie,
Franchis des morts le triple seuil !
O Virgile, avec ta patrie,
Renais immortel du cercueil !
Reviens, la tête couronnée
Du sacré rameau d'or redouté des enfers;
Et chantre d'un autre univers,
D'un héros plus brillant qu'Énée
Suivant la noble destinée,
Reprends aux mêmes lieux ta lyre et tes beaux vers.

Soudain quels flots d'oubli s'écoulent
Du sein de ces nobles débris !
Les siècles passés se déroulent
Et revivent par leurs écrits :
Tout renaît des cendres antiques ;
La ville de Pompée, entr'ouvrant ses remparts, (7
Tout-à-coup se rend aux Césars ;
Et le long deuil de ses portiques
Est frappé d'accents prophétiques,
Qui dans ses murs déserts ressuscitent les arts.

A ce réveil de son histoire,
Le Tibre, long-temps endormi,
Lève la tête, et de sa gloire
Le Capitole a retenti.
Telle Aréthuse moins craintive, (8
De l'Etna qui s'éteint admirant le repos,
A soudain quitté ses roseaux,
Et désormais, loin de sa rive,
N'est plus tremblante et fugitive,
Et redemande Alphée à l'amour de ses eaux. (9

Mais sur le sabloneux rivage
De son pays désenchanté,
Le fleuve roule un flot sauvage,
Et l'amour en est attristé.
Ainsi la première patrie
Des héros et des arts languit sans souvenir.
La Grèce, au sein de l'avenir,
Sous une lâche barbarie,
Égare une obscure industrie,
Et la veuve des dieux tremble sous un visir.

O si, de sa noble poussière
Exhumant ton antiquité,
Tu la rendais à la lumière,
Tu la chantais avec fierté !
O Grèce, il est un autre Alcide !
Les monstres sont détruits, les tyrans dépouillés,
Et tes monuments réveillés
Appellent une main qui guide
Les flots purs d'un torrent rapide (10
Dans leurs sacrés débris, que la fange a souillés.

O fortune! le fils d'un Scithe,
Jadis méprisé par Xercès,
Aux yeux de l'univers, hérite
Des lieux où régna Périclès.
Relevez-vous, murs de Salone, (11
Et ne redoutez plus les affronts du turban.
Vous, sur l'azur de l'Océan,
Balancez-vous, tendre Alcyone, (12
Et vous, bois sacrés de Dodone,
D'un oracle terrible effrayez le sultan.

Lassé des horreurs du carnage,
Jadis un vainqueur dévastait
Des arts le superbe héritage,
Et le barbare triomphait.
Mais sous des palmes moins cruelles,
Le char du conquérant se promène aujourd'hui :
Sa victoire est un sûr appui
Qu'il donne à des races fidelles ;
Et, baisant ses mains paternelles,
La foule des vaincus se presse autourde lui.

Chaque jour donne à sa fortune
Un siècle d'immortalité;
Du passé la plainte importune
Se perd dans sa prospérité;
A sa voix, un nouvel empire
Venge soudain des lois l'austère majesté,
La couronne et la liberté.
Impuissante pour le détruire,
L'envie aux enfers se retire,
Et le héros jouit de la postérité.

Cette main qui, par les batailles,
Sur le trône a mis les Français,
Qui fait, du sein des funérailles,
Sortir la gloire de la paix,
Plus heureuse, reconcilie
Les siècles destructeurs et les siècles détruits;
Et des arts rassemblant les fruits,
Rend à la France rajeunie,
Les chefs-d'œuvre, que le génie
Jadis pour ce héros paraît avoir produits.

Partout les ateliers frémissent
Du bruit des marteaux déchaînés ;
Et les souterrains retentissent
Du cri des flots emprisonnés.
Partout aux inutiles ondes
D'utiles réservoirs à grands frais sont ouverts ;
Et , des cavernes des enfers (13
Franchissant les routes profondes,
Elles unissent les deux mondes
Par les vastes canaux qui joignent les deux mers.

Sur les rivages de la Seine ,
Libres enfin d'indignes fers ,
Paris étale en souveraine
Les dépouilles de l'univers.
Là , sous des formes colossales,
L'antiquité confond nos superbes regards.
Nobles conquêtes des Césars,
Là vivent sous des lois égales
Cent beautés à jamais rivales ,
Et le palais des rois est le temple des arts.

Tels les oracles de l'Histoire,

D'un grand homme font les destins,

Et le vengent par sa mémoire,

De ses jaloux contemporains.

Tel sous la main du statuaire,

Le marbre rend la vie et fait parler aux yeux,

Sur son tombeau silencieux,

D'une image immobile et chère

La renommée héréditaire,

Et la postérité vit avec ses aïeux.

Vieillards précurseurs des orages (14

Qu'ils ont fièrement traversés,

Qui sauva, du torrent des âges,

Tous ces sépulcres entassés?

Une pieuse idolâtrie,

D'un culte filial couvre ces monuments,

Vestiges paternels du temps.

La reconnaissante patrie,

Bravant une ingrate furie,

Les dévoue au respect de ses derniers enfants.

Là se confondent les fortunes,

Les talents, les vertus, les droits ;

Là, sous des ténèbres communes,

Dorment les sujets et les rois ;

Mais leur souvenir, d'âge en âge,

Tel qu'un avis du ciel, éclaire notre amour.

Leur trépas est un long séjour,

Notre vie est un court voyage,

Et devant ce noble héritage,

Les générations s'inclinent tour à tour.

Hélas ! non loin de ces murailles,

Plus de dix siècles couronnés

Semblaient garder les funérailles

De cent monarques moissonnés !

Vain espoir ! un cri fanatique

Profane la demeure, où, par d'antiques lois,

Règne encor le sommeil des rois.

Envain l'auguste basilique

Exhale un soupir prophétique......

Les barbares sont sourds et les morts sont sans voix.

La nuit ne défend plus leur tombe
Des plus horribles attentats;
Le plus cher de nos rois succombe
Au crime d'un nouveau trépas.
Henri, tu revois la lumière!
Ses obscurs assassins, aux forfaits enhardis,
Soudain demeurent interdits.
Ah! permets qu'une main guerrière (15
Prenne un débris de ta poussière!
Henri, c'est un Français.... tu les sauvas jadis.

Tel le Tartare sanguinaire,
Sous les drapeaux de Suwarof,
Égorge tout un peuple frère
Sur les murailles d'Ocsacof.
Telle une horde impie, avide,
Assassine au tombeau les restes précieux
D'un peuple de rois et d'aïeux:
Dans les brasiers d'un feu liquide (16
S'achève ce long parricide,
Et la vapeur royale arrive jusqu'aux cieux.

Chaque nuit, ces augustes mânes,
Détrônés de leurs monuments,
Revenaient dans ces lieux profanes ,
Pousser de vains gémissements.
Qu'ont-ils besoin de mausolées ?
Ces rois n'ont plus de cendre ; ils n'ont rien de mortel :
Premiers vassaux de l'éternel,
Dans le sein de Dieu rappelés ,
Ces grandes races exilées,
Au lieu d'un froid tombeau demandent un autel.

Revenez, ombres fugitives,
Le sanctuaire vous attend :
La Seine a revu sur ses rives,
Le trône antique renaissant.
Au temple de la monarchie,
Pieux réparateur des outrages des temps ,
Un héros fait brûler l'encens.
O vœu digne de son génie !
C'est là qu'un triple autel expie (17
Les tombeaux dépouillés et les trônes sanglants.

Les vieux lévites de la France ,[18]
Gardiens du culte sépulcral ,
Devant ce reste de puissance ,
Courbent un front épiscopal ;
Au bruit de leurs divins cantiques ,
La funèbre Sion reprend sa majesté.
Héritier de la royauté ,
L'empire , à ses caveaux antiques ,[19]
Rend les sépulcres monarchiques , ...
Le peuple voit la tombe . . . . . et fuit épouvanté.

Poursuis , César , la route immense
Que ton génie ouvre à nos yeux ;
Des siècles soutiens la balance ,
Les grands hommes sont tes aïeux ;
Les oracles de ta puissance ,
Du monde entier , peut-être , ordonnent les destins.
Couvert de monuments lointains ,
Un temps mystérieux s'avance ,
Et l'astre brillant de la France
Fait redire à Memnon les vœux contemporains. [20]

NOTES.

---

[1] **PAGE 7, VERS 5.**

Le nom d'Irus est sur la pierre !

Irus, habitant d'Ithaque, fameux par sa pauvreté. Voltaire a dit :

« Irus, le pauvre Irus, boit avec les vainqueurs. »

[2] **PAGE 9, VERS 19.**

Le pâtre élève sa chaumière
Sur le temple où vingt rois couronnaient Sésostris.

Sésostris, roi d'Egypte et conquérant presque fabuleux de l'Afrique et de l'Asie, vivait quelques siècles avant la guerre de Troie. On prétend qu'il faisait atteler à son char, les rois des nations vaincues : il imagina, le premier, de se faire appeler le roi des rois.

[3] **PAGE 10, VERS 5.**

Palmyre, tes palais antiques,
Sous les rides du temps offrent l'éclat des arts.

Palmyre, capitale de l'empire d'Orient, du temps de Zénobie, ville de Syrie, bâtie par Salomon (en hébreu *Tad-mor*), conquise par les Romains. Elle est située dans le dé-sert connu sous le nom de *Palmyrena solitudo.*

⁴⁾PAGE 10, VERS 11.

> L'ombre auguste de Zénobie
> Parcourt ces palais dévastés,
> Restes des grandeurs de l'Asie...

Zénobie, reine de Palmyre et de l'Orient, vaincue par l'empereur Aurélien, fut conduite à Rome, où elle devint l'ornement de son triomphe. Cette princesse est fameuse par son courage, ses vertus et ses talents. Le philosophe Longin fut son maître, et lui inspira le goût des sciences et des beaux arts, qui l'ont rendue justement célèbre.

⁵⁾PAGE 12, VERS 1.

> » O Longin, sur nos destinées
> » Portons de moins tristes regards....

Longin, philosophe, né à Athènes dans le troisième siè-cle. Zénobie en fit son ministre. Il ne nous reste de ses écrits, que le *Traité du Sublime.*

A la prise de Palmyre, Aurélien souilla sa victoire par le supplice de ce grand homme, qui le supporta avec la constance la plus héroïque; ce crime attacha à jamais l'infamie à une des plus importantes conquêtes des Romains.

6) PAGE 13, VERS 18.

» Et, des palais de Parthénope
» Jusqu'aux rivages de Canope,
» Retentit le réveil qu'attendait l'univers.

Canope, ancienne ville d'Égypte à l'embouchure du Nil, *ostium canopicum. Fossa canopica*, canal qui menait de Canope à Alexandrie.

7) PAGE 16, VERS 5.

Tout renaît des cendres antiques;
La ville de Pompée, entr'ouvrant ses remparts,
Tout-à-coup se rend aux Césars;

Pompeïa, engloutie du temps de Titus : cette ville a été en partie découverte et recomblée par l'ancien gouvernement. La fouille des Français, en 1798, annonce assez la résurrection de Pompeïa sous la nouvelle dynastie.

8) PAGE 16, VERS 15.

Telle Aréthuse moins craintive,
De l'Etna qui s'éteint admirant le repos,
A soudain quitté ses roseaux,

Aréthuse, compagne de Diane, qui la métamorphosa en fontaine, pour la soustraire aux poursuites d'Alphée en Sicile.

⁹⁾ PAGE 16, VERS 18.

Et désormais, loin de sa rive,
N'est plus tremblante et fugitive,
Et redemande Alphée à l'amour de ses eaux.

Alphée, chasseur du Péloponèse, fut changé en fleuve.
La fable dit que ce fleuve, toujours amoureux, traverse la
mer de la Sicile et va mêler ses eaux à celles de l'insensible
Aréthuse.

¹⁰⁾ PAGE 17, VERS 17.

Et tes monuments réveillés
Appelent une main qui guide
Les flots purs d'un torrent rapide,
Dans leurs sacrés débris que la fange a souillés.

Hercule nétoya les étables d'Augias, en y faisant passer
les eaux du fleuve Alphée.

¹¹⁾ PAGE 18, VERS 5.

Relevez-vous, murs de Salone,
Et ne redoutez plus les affronts du turban.

Salone, ancienne ville maritime de la Dalmatie : cette
province faisait partie de l'Illyrique. Dioclétien s'y retira :
un de nos poètes lui fait dire :

Salone m'a vu naître et me verra mourir.

Lucain dit de Salone :

Quà maris Hadriaci longas ferit unda Salonas.

[12] PAGE 18, VERS 7.

> Vous, sur l'azur de l'Océan,
> Balancez-vous, tendre Alcyone,

Le retour des Alcyons sur la mer annonce la fin de la tempête.

[13] PAGE 20, VERS 5.

> Partout aux inutiles ondes,
> D'utiles réservoirs à grands frais sont ouverts;
> Et, des cavernes des enfers
> Franchissant les routes profondes,
> Elles unissent les deux mondes
> Par les vastes canaux qui joignent les deux mers.

La perte du Rhône.

[14] PAGE 21, VERS 11.

> Vieillards précurseurs des orages
> Qu'ils ont fièrement traversés,
> Qui sauva, du torrent des âges,
> Tous ces sépulcres entassés?

Les tombeaux du musée Lenoir, aux Augustins.

[15] PAGE 23, VERS 8.

Ah ! permets qu'une main guerrière
Prenne un débris de ta poussière !
Henri, c'est un Français..... tu les sauvas jadis.

Un soldat coupa, avec son sabre, une partie de la barbe d'Henri IV, en disant : « Ce sera là ma moustache ; avec » elle je ne craindrai ni l'ennemi ni la mort. » (*Relation de M. Lenoir,* conservateur du musée des Augustins.)

[16] PAGE 23, VERS 18.

Dans les brasiers d'un feu liquide
S'achève ce long parricide,
Et la vapeur royale arrive jusqu'aux cieux.

Les restes des rois et des princes furent jetés dans une fosse remplie de chaux vive.

[17] PAGE 24, VERS 18.

O vœu digne de son génie !
C'est là qu'un triple autel expie
Les tombeaux dépouillés et les trônes sanglants.

Décret impérial qui élève trois autels expiatoires dans l'église de St.-Denis, en l'honneur des trois dernières races.

¹⁸⁾ PAGE 25, VERS 1.

Les vieux lévites de la France,
Gardiens du culte sépulcral,
Devant ce reste de puissance
Courbent un front épiscopal...

Fondation des chanoines de St.-Denis choisis parmi les évêques sexagénaires.

¹⁹⁾ PAGE 25, VERS 7.

Héritier de la royauté,
L'empire, à ses caveaux antiques,
Rend les sépulcres monarchiques,.....

Saint-Denis consacré à la sépulture des empereurs.

²⁰⁾ PAGE 25, VERS 17.

Couvert de monuments lointains,
Un temps mystérieux s'avance,
Et l'astre brillant de la France
Fait redire à Memnon les vœux contemporains.

La statue de Memnon, en Égypte, rend des sons harmonieux, quand elle est frappée par les rayons du soleil.

FIN.